AF483053

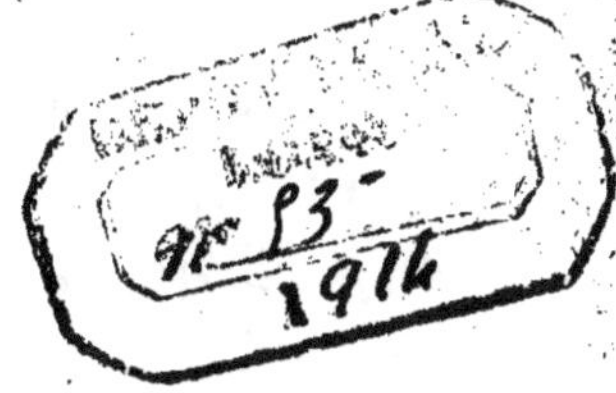

L'AVENIR

de la

PÊCHE HAUTURIÈRE DU THON

DANS LA MÉDITERRANÉE

Par M. LE MARHADOUR

Administrateur de l'Inscription maritime à Philippeville.

Nos côtes africaines sont peuplées des espèces les plus diverses qui y trouvent des conditions d'habitat exceptionnellement favorables pour que les familles prospèrent et se multiplient en de prodigieuses proportions. L'allache, l'anchois, la sardine s'y montrent à toute époque de l'année et, par moments, en bandes innombrables ; on les pêche sans appât jusque dans le fond des baies et il n'est pas rare de voir les barques revenir chargées jusqu'au plat bord, leurs filets rompus sous le fardeau des prises. Les thons s'y rencontrent également toute l'année, à la recherche des espèces migratrices ci-dessus dont ils font leur nourriture préférée. Les merlans et les langoustes y atteignent une taille inconnue sur nos côtes de l'Océan.

De ces indications il semblerait qu'on pût conclure que la fortune du pêcheur est assurée sur des rivages si féconds.

7' (1914, 2, LE MARHADOUR)

Il n'en est malheureusement pas ainsi et la situation de la pêche maritime — en Algérie principalement — laisse fort à désirer, aucun progrès n'ayant été réalisé depuis vingt ans, et plus, quant au matériel, aux modes et engins de pêche. Cette situation se trouve excellemment exposée, en quelques lignes, dans une circulaire relative au 6e Congrès national des Pêches maritimes :

« Chacun sait combien peu ou mal exploitées sont nos « richesses maritimes. Le régime d'exploitation, nul pour « certaines régions et pour certaines pêches, très primitif « ailleurs, quelquefois tombant à l'inutile gaspillage, tou- « jours trop étroitement local et littoral, mal adapté aux « conditions physiques et biologiques de notre mer, n'est « plus depuis longtemps en harmonie avec le régime général « de production de l'Algérie et doit changer. »

Parmi les pêches dont l'exploitation est à peu près inexistante en Algérie et insuffisante pour les côtes françaises de la Méditerranée — et même pour la Tunisie, — se place en premier lieu la pêche au thon, pêche sur le littoral et principalement pêche au large.

La présence des thons a été constatée pendant toute l'année sur divers points du littoral algérien, principalement au fond des baies et près des caps. Ils ne sont pêchés, à la traîne, que très près des côtes et seulement dans le voisinage des villes où ils sont consommés en majeure partie à l'état frais, les fabriques de conserves n'en absorbant, pour la plupart, que de très faibles quantités, à titre tout à fait accessoire. Les pêcheurs limitent d'ailleurs eux-mêmes le nombre de leurs captures dans la crainte de provoquer un avilissement du prix de vente. Parfois aussi les thons viennent se fourvoyer dans les lamparos et les bonitières, à la poursuite de leur proie.

Les madragues ou thonaires de poste ne se sont pas

développées sur les côtes algériennes dans les mêmes proportions que sur les côtes tunisiennes. Leur nombre est réduit à quelques unités et les quartiers maritimes de Bône et de Philippeville n'en possèdent pas en exploitation. Une thonaire concédée au cap de Fer en 1911 n'a pas encore été installée ; pour ce motif le concessionnaire est sur le point d'être déchu de ses droits. En 1913, la madrague du golfe d'Arzew n'a capturé que 1,181 kilogrammes de thons.

Si, de 1900 à 1907, la production thonière de la Tunisie a oscillé entre 1 million et 2 millions et demi de kilogrammes, soit 800 à 2,000 kilogrammes par kilomètre de rivage, pendant la même période, les 1,300 kilomètres de la mer algérienne fournissaient de 60,000 à 100,000 kilogrammes, soit 50 à 80 kilogrammes par kilomètre. En 1910, cette production a été, pour l'Algérie, de 46,686 kilogrammes et en 1911 de 50,800 kilogrammes, d'après la statistique des pêches maritimes.

La pêche au thon, à peu près inexistante pour l'Algérie, a beaucoup perdu de son importance sur les côtes françaises de la Méditerranée. La production des seuls quartiers de Martigues et de Marseille est à retenir, sans qu'elle atteigne toutefois des chiffres élevés. Les thons viennent moins nombreux qu'autrefois dans le voisinage des côtes et le développement de la navigation à vapeur expliquerait cette abstention. Comme conséquence, les engins fixes, les madragues ont disparu peu à peu. Les captures sont faites au moyen de la courantille, assez peu au large, en raison du faible tonnage des bateaux.

Si la pêche au thon, au moyen de thonaires de poste, est plus développée sur les côtes tunisiennes, il faut remarquer que la campagne de pêche n'y dure que quarante jours à partir de la fin mai, au moment de la pêche dite « de course » seulement. Il est inutile d'insister sur l'intérêt que présenterait le fonctionnement normal ininterrompu des usines à thons de la Régence.

La pêche au thon peut-elle être pratiquée en permanence sur nos côtes méditerranéennes ?

Les pêcheurs ont constaté la présence de thons sur les côtes algériennes pendant toute l'année en certains points, principalement au fond des golfes de Philippeville et d'Arzew ainsi qu'au voisinage des caps. Ces constatations n'ont été faites que très près des côtes, la pêche hauturière n'existant pas en Algérie, en raison de l'infériorité manifeste des pêcheurs, au point de vue professionnel, et de l'insuffisance de leur matériel. Les pêcheurs n'ont que des barques qui ne sont même pas à demi-pontées, incapables de tenir la mer, et qu'ils conduisent presque toujours à l'aviron, même par vent favorable, n'aimant pas se servir de la voile. Leur manque absolu d'audace est d'ailleurs leur première sauvegarde et ils ne se risquent pas à sortir des ports dès la moindre apparence de mauvais temps. Ils n'ont donc pu constater la présence du thon au large.

Par contre, sur les côtes de Provence, cette présence du thon au large a été constatée par Gourret au cours d'observations faites de 1882 à 1895. Il a noté, en outre, que d'année en année, dans l'ensemble des captures, les madragues intervenaient pour une part de plus en plus faible, la véritable pêche, toujours plus fructueuse, se pratiquant au large au moyen de thonaires flottantes appelées courantilles (1).

Mais, n'y a-t-il pas lieu de craindre que cette pêche au large toute l'année ne soit susceptible que d'un rendement faible et irrégulier lorsqu'elle est pratiquée après l'époque des « passages », — seule étant possible la capture de thons égarés au cours de l'immense voyage accompli de Gibraltar à la mer

---

(1) P. Gourret. — *Recherches sur la pêche du thon dans le golfe de Marseille.*

Noire et à la mer d'Azov, dans le sens inverse du mouvement des aiguilles d'une montre, — thons indisciplinés s'étant détachés de leur tribu vagabonde ou sujets trop jeunes pour effectuer le voyage de retour dans l'Océan ?

Cette théorie — cette légende plutôt — qui, grâce à l'autorité d'Aristote, a persisté jusqu'à nos jours, ne résiste pas à l'examen scientifique des faits, ainsi que l'a démontré de très lumineuse façon M. le docteur Bounhiol, inspecteur des Pêches maritimes en Algérie, dans sa remarquable étude « Le régime du thon sur les côtes algériennes et dans la Méditerranée occidentale » (1).

Le gros thon rouge de la Méditerranée, qui pèse jusqu'à 300 kilogrammes et qui possède de courtes nageoires pectorales, est une espèce de scombres différente du thon océanique, thon blanc ou germon, qui a des pectorales très longues et dont le poids atteint à peine 50 kilogrammes. Il y a bien, à vrai dire, tant dans la Méditerranée que dans l'Atlantique, un certain mélange des deux espèces, mais dans des proportions très réduites : ce sont des individus égarés hors de leur milieu. Les thons de la Méditerranée forment donc une population locale et, partant, permanente.

Les thons se rencontrent sur les côtes méditerranéennes à toutes les époques et de toutes les tailles. Ils se présentent dans les mêmes parages, tantôt dans la direction de l'Ouest, tantôt dans celle de l'Est. La proportion des individus ayant atteint leur maturité sexuelle ne change pas avec les lieux. Les thons frayent à peu près au même moment sur les côtes, la Méditerranée présentant une grande uniformité de conditions thermiques et climatologiques. Comme l'immense majorité des poissons marins, les thons pondent près du rivage, où la température s'élève au printemps plus tôt

---

(1) *Bulletin trimestriel de l'Enseignement professionnel et technique des Pêches maritimes*, avril-juin 1911.

qu'au large en raison de la moindre profondeur des eaux.

« On trouve les thons à la surface, aussi bien en hiver
« qu'en été, et ils plongent, quelle que soit la température de
« l'eau de surface. Le plus important — sinon le seul —
« facteur physique sous la dépendance étroite duquel se
« trouvent les apparitions, les disparitions, les déplacements
« périodiques, oscillatoires ou irréguliers du thon méditer-
« ranéen sur chaque rivage, consiste dans le régime éolien
« et hydrodynamique local.

« Les thons sont plus qu'aucune espèce, peut-être, sensibles
« aux excitations mécaniques des courants. Leur puissance
« musculaire en fait des nageurs infatigables, toujours en
« marche, toujours en chasse. Ils remontent les courants,
« quelle que soit leur direction et d'autant plus volontiers que
« ces courants sont plus vifs. Les courants se ralentissant
« en un lieu donné, ils plongent s'il existe un contre-courant
« actif plus ou moins profond (1). Si ce courant n'existe pas
et que la mer est calme, la troupe s'arrête pour chasser ou
prendre ses ébats. Ils ne se remettent en marche que lorsque
le vent vient agiter la mer.

« En Méditerranée, l'hydrodynamique superficielle et sub-
« superficielle est entièrement sous la dépendance du régime
« des vents. Il n'y a pas de marées et les eaux profondes
« sont à une température constante de 13° à partir de 150 à
« 200 mètres et par conséquent immobiles. Cette particularité
« simplifie le problème et permet de considérer, à ce point de
« vue comme à bien d'autres, la Méditerranée comme un
« grand lac continental (2) ».

En Algérie, le régime d'hiver pour les vents semble durer
sept mois de l'année, tandis que le régime d'été ne durerait
que cinq mois.

---

(1) Dr J.-P. BOUNHIOL. — *Op. cit.*
(2) Dr J.-P. BOUNHIOL. — *Op. cit.*

Pendant l'été, les vents de Nord-Est dominent sur la côte, ils sont favorisés par les hautes pressions de Madère et par une dépression qui paraît sur la partie nord du Sahara. Le thon, qui nage à contre-courant, viendra de l'Ouest et donnera lieu à la pêche dite « de course ».

Pendant l'hiver, par suite de la présence simultanée de hautes pressions sur l'Océan et de basses pressions sur la Méditerranée, ce sont les vents d'Ouest, ou plus généralement d'Ouest-Sud-Ouest qui dominent. Le thon ira donc de l'Est vers l'Ouest et sera capturé par la pêche dite « de retour ».

Le régime des vents en Tunisie ne présente pas les mêmes caractéristiques. Par suite de leurs positions, on trouve sur les côtes de Tunisie des vents qui se développent dans chacun des deux bassins de la Méditerranée, vents assez variables déjà ; si, en outre, on tient compte des brises locales, on s'expliquera que le régime soit fort irrégulier, assez variable suivant les zones, peu semblable à lui-même d'une année à l'autre (1).

Dans le golfe du Lion, les vents sont très variables, mais ceux de l'ouest et du nord soufflent en moyenne 200 jours par an.

Sur les côtes de Provence, dans l'ouest du cap Roux, les vents de la partie Ouest prédominent pendant les mois de mai, juin, juillet, août et septembre ; les vents de la partie Est dominent surtout en octobre et sont aussi fort communs dans les mois de novembre, décembre, janvier (2), contrairement à ce que l'on constate en Algérie, d'où les « passages » des thons en sens inverse de celui observé sur le littoral algérien.

---

(1) *Instructions nautiques.* — Côte Nord du Maroc, Algérie, Tunisie.

(2) *Instructions nautiques.* — Côte Sud de France.

BIBLIOTHÈQUE NATIONALE R.F.

Mais ces vents dominants ne sont pas les seuls qui agitent la Méditerranée. Il existe de nombreux vents locaux, soufflant du large ou soufflant de terre. Le thon obéira aux courants produits par ces vents et dans le premier cas s'éloignera des côtes, dans le deuxième s'en rapprochera.

M. Bounhiol affirme que ses observations, d'année en année, n'ont fait que confirmer la règle qu'il a formulée en 1911 et qui est citée ci-dessus.

Il est en outre intéressant de signaler l'existence d'un courant général de surface sur les côtes d'Algérie (1). Ce courant est dirigé vers l'Est, mais sa direction et sa vitesse sont modifiées par les vents dominants et la configuration des côtes. Les vents du Nord, étant plus fréquents que ceux du Sud, font dévier ce courant général vers le Sud-Est. Il résulte de cette déviation que les eaux se dirigent obliquement vers le côté Ouest de tous les caps un peu avancés, elles sont réfléchies vers le Sud ou le Sud-Ouest le long des golfes qu'elles contournent en formant un contre-courant Ouest qui ressort par le côté Ouest des baies. Ce contre-courant est d'autant plus fort et plus régulier que la pointe Est de la baie est plus saillante vers le Nord. La force de ce courant augmente devant les caps et sur les hauts-fonds un peu éloignés de la côte comme le banc de Matifou et celui des Kabyles, il atteint parfois en ces points spéciaux deux ou trois nœuds de vitesse (1).

Dans le canal de Sicile et le canal de Malte les courants produits par les vents dominants sont plus rapides. Comme dans tous les endroits resserrés et peu profonds, les thons s'y rencontrent en bandes nombreuses. De même sur la côte provençale, les caps et les îles sont les stations connues et recherchées des pêcheurs.

---

(1) *Instructions nautiques.* — Côte Nord du Maroc, Algérie, Tunisie.

Ainsi s'expliquent les pêches vraiment extraordinaires pratiquées de tout temps dans les parages de la Sicile et de la Tunisie, à l'entrée du Bosphore, sur le promontoire appelé Corne-d'Or — pour la richesse obtenue par ses pêcheries — où les Grecs avaient construit Byzance, dont les monnaies portaient l'effigie du précieux scombre. Ainsi s'explique le mode de pêche pratiqué jusqu'à nos jours ; on ne s'est jamais préoccupé de rechercher les tribus vagabondes de thons en dehors des périodes où ils venaient spontanément s'introduire dans les engins disposés à leur intention.

Les recherches scientifiques contemporaines ayant démontré que le thon ne quitte pas la Méditerranée, qu'il se contente de s'éloigner parfois des côtes sous l'influence de causes connues, il serait logique et surtout profitable d'aller le poursuivre en pleine mer. Cette pêche hauturière du thon donnerait lieu à moins de difficultés et d'aléas que dans l'Océan où les pêcheurs doivent s'éloigner des côtes à plus de 300 milles pour faire de nombreuses captures et où se fait sentir l'influence de puissants fleuves marins, susceptible de modifier dans une certaine mesure l'application des règles indiquées ci-dessus. Les usines à thons, qui actuellement ne travaillent que pendant deux mois de l'année, auraient le grand avantage de pouvoir fonctionner sans interruption et à plein rendement.

Dans quelles conditions peut être pratiquée cette pêche hauturière du thon méditerranéen ?

Il convient de rappeler l'importance qu'occupe la pêche du thon blanc ou germon dans l'Atlantique. Alors que la statistique officielle des pêches maritimes pour l'année 1911 — éditée en 1913 — accuse pour l'Algérie un total de 50,800 kilogrammes et pour le 5° arrondissement maritime 483,100 kilogrammes, elle indique pour le 2° arrondissement : 1,548,200 kilogrammes, pour le 3° : 3,587,355 kilogrammes et pour le 4° : 695,098 kilogrammes.

Le quartier maritime de l'Océan qui vient — et de loin — en première ligne pour la pêche au thon est celui de Groix qui indique, pour 1911, un rendement de 2,860,000 kilogrammes. En 1910, ce rendement était de 2,725,000 kilogrammes. Les Groisillons ont été les promoteurs de la pêche au thon dans l'Océan. Grâce au rendement de cette pêche, leur flottille a augmenté rapidement, en nombre et en tonnage, sans qu'il ait été fait appel, dans d'importantes proportions, à des capitaux étrangers à l'île. En 1898, elle comptait 160 dundees (1), ayant remplacé les chaloupes pontées d'autrefois. Elle en compte actuellement 275 d'une jauge moyenne de 45 tonneaux.

La pêche du thon est la pêche de prédilection des Groisillons ; tous les hommes valides de l'île ne suffisent pas pour armer la flottille en juin, 300 marins des quartiers voisins viennent à Groix se disputer les embarquements sur les thonniers.

C'est de cette pêche que la population essentiellement maritime de l'île tire la plus grande partie de ses gains. Les autres pêches sont loin, en effet, d'être aussi rémunératrices. Une partie des dundees arme l'hiver pour la pêche au chalut à perche dans les parages de Rochebonne. D'année en année, leur nombre se réduit en raison du gain insuffisant et aléatoire que procure cette pêche. Les avaries occasionnées par le mauvais temps, qui se fait fréquemment sentir dans le golfe de Gascogne, atteignent parfois un chiffre élevé ; la perte d'un train de pêche se chiffre, à elle seule, par 3,000 francs environ. Pendant l'hiver 1911-1912, 120 dundees ont armé pour cette pêche ; ils n'ont été que 60 pour l'hiver 1912-1913 et c'est à peine si une trentaine armera pour l'hiver prochain.

---

(1) *Bulletin trimestriel de l'Enseignement professionnel et technique des Pêches maritimes*, n° 1 de 1898.

La question se pose plus aiguë, d'année en année, d'abandonner complètement cette pêche.

Pendant l'hiver 1911-1912, quinze dundees ont été armés pour la pêche, à la côte occidentale d'Afrique, des poissons primés par la loi du 26 février 1911, dont la liste est donnée par un décret du 9 novembre suivant. Les captures ont été très abondantes, mais, faute de débouchés, les prix de vente ont été infimes. En outre, le marché de Las Palmas, à la Grande Canarie, a été en quelque sorte fermé à nos pêcheurs par les droits d'importation très élevés qui leur furent imposés. En fin 1913, aucun bateau n'a voulu armer pour cette pêche, malgré les instances de M. Gruvel, venu à Groix spécialement pour encourager les armements, et malgré qu'un décret du 14 décembre 1913 ait étendu le nombre des places d'importation de ces poissons.

Les pêcheurs de Groix sont actuellement réduits pendant l'hiver à chercher des embarquements au long cours. C'est ainsi qu'ils sont embarqués, au nombre d'une centaine environ, sur les paquebots de la Compagnie des Messageries Maritimes. Il n'est pas douteux que ce nombre n'augmente, si rien ne vient mettre un terme à la crise que traversent actuellement les armateurs et les marins groisillons. Dès maintenant, il doit être attristant, pendant l'hiver, de voir 210 grands dundees désarmés à l'entrée de la rade de Lorient, sur les hauts-fonds de Port-Louis et de Kernével, sur les « vases », comme disent les pêcheurs. Quel contraste avec l'air de fête que prennent chaque année, en juin, ces mêmes dundees remis à neuf et peints de vives couleurs, armés de leurs longues perches, de leurs « tangons » ? Quel contraste avec l'animation qui règne à Port-Tudy, Locmaria et Port-Lay, trop étroits pour contenir la flottille groisillonne au moment du départ pour la pêche du thon !

Pourquoi donc n'utiliserait-on pas ces navires en Méditerranée ? Les Groisillons n'hésiteraient certes pas à venir en nombre pêcher sur nos côtes et seraient en mesure d'alimenter toutes les usines actuellement existantes et bien d'autres encore. Ils ne redouteraient pas la longueur du voyage, habitués qu'ils sont aux longs parcours : pendant la pêche du thon dans l'Atlantique, ils restent couramment trois semaines en mer, faisant leurs pêches les plus abondantes au delà de la route incessamment parcourue par les navires allant d'Ouessant au cap Finisterre. Ils s'éloignent à plus de 300 milles de leur île, allant au début de la saison de pêche au large du cap Finisterre et en fin de saison sur les accores des bancs de la Petite Sole et de la Grande Sole. Pendant l'hiver 1911-1912, certains dundees pêchant sur la côte occidentale d'Afrique sont allés jusqu'à Dakar. On voit que, pour ces marins, un séjour en Méditerranée n'a rien d'anormal et ils préféreraient, certes, cette pêche à une navigation sur des vapeurs long-courriers.

Dès novembre prochain, ce projet peut recevoir un commencement de réalisation. Il suffit que des fabriques de conserves de thons restent ouvertes et fassent appel pour les alimenter à des pêcheurs de Groix. Il suffit également que les fabriques de conserves de sardines installées sur nos côtes se mettent en mesure de traiter le thon, à l'imitation d'un grand nombre d'usines françaises de l'Atlantique qui absorbent indifféremment les thons ou les sardines, suivant le rendement de la pêche. A cette époque d'apparition sur nos côtes de la sardine — proie de prédilection du thon — il n'est pas douteux que les captures de ces scombres ne soient nombreuses et que ces usines ne puissent fonctionner à plein rendement.

Ces usines à thons pourront, en outre, absorber la pêche des madragues-thonaires pendant la période d'exploitation de ces engins, sans qu'une surproduction soit à redouter. En effet, les Groisillons, qui auraient armé en juin pour la pêche du thon dans l'Océan, ne feront pas de difficultés pour interrompre en avril ou mai leur pêche en Méditerranée et retourner dans leur île, goûter dans leurs familles un repos mérité et faire subir un carénage à leurs dundees. Ils reviendraient ensuite facilement en Méditerranée, aussi nombreux qu'il serait nécessaire, préférant être assurés d'un travail de 9 ou 10 mois, à des prix rémunérateurs, que de courir les chances d'une campagne de pêche au thon dans l'Océan, dont le rendement est quelquefois irrégulier, avec, surtout, la perspective d'un chômage pour l'hiver.

Etant donné le nombre des thonniers de Groix, La Rochelle, les Sables-d'Olonne, Douarnenez, Concarneau, Etel et Yeu, les usiniers de nos côtes sont assurés d'un approvisionnement normal pour toute époque de l'année.

Les pêcheurs de l'Océan pourront, en renforçant quelque peu leurs lignes, utiliser le matériel qu'ils possèdent. Le thon, sur les côtes d'Algérie, n'est-il pas capturé principalement à la ligne de traîne ?

Si cette initiative privée faisait défaut, il appartiendrait aux Pouvoirs Publics, en France aussi bien qu'en Algérie et en Tunisie, d'y suppléer. Des précédents peuvent être invoqués pour la France : je veux seulement citer les voyages d'études que le Ministre de la Marine a fait entreprendre en 1892 à M. Guillard, directeur de l'Ecole de pêche de Groix, pour reconnaître les zones de pêche, au large des côtes de Bretagne, propices au chalutage (1), ainsi que les missions accomplies par M. Gruvel sur la côte occidentale d'Afrique (2).

Des explorations de cette nature pourraient être entreprises sans qu'il en coutât beaucoup. En effet, des dundees de

---

(1) *Revue des Pêches maritimes*, n° 18 de 1892.
(2) *Les Pêcheries de la Côte occidentale d'Afrique*, par A. Gruvel et Bouyat, 1906.

Groix — à vivier — viennent après la saison de pêche au thon, en novembre, sur les côtes de Mauritanie, capturer les langoustes vertes. Cette pêche subit une interruption en décembre et même janvier. Il serait facile de passer un contrat avec l'armement de l'un de ces navires pour le mettre à la disposition du Service scientifique des pêches pendant un mois ou plus, en vue de procéder à des explorations en haute mer et à des essais de pêche au thon. Ce même navire — sa mission terminée — se rendrait sur les côtes de Mauritanie pour y remplir son vivier de langoustes avant son retour en France.

Il est, on le voit, facile de donner dès maintenant, sur les côtes de la Méditerranée, partout où sont installées des fabriques de conserves bien outillées, une extension importante à la pêche hauturière du thon. Les ressources en hommes et en matériel ne manquent pas et de nouvelles usines peuvent être créées pour absorber les produits de cette pêche de demain, dont le champ d'action s'ouvre si vaste.

La venue périodique sur nos côtes des pêcheurs hauturiers de l'Atlantique sera une importante source de bénéfices pour les pêcheurs eux-mêmes, leurs armateurs et les usiniers. Le consommateur y trouvera également son avantage. Enfin, un précieux exemple sera donné aux inscrits algériens, dont les qualités professionnelles ont tant besoin d'être développées, en même temps que l'esprit d'initiative. Ils se rendront compte que le métier de pêcheur, quand on sait l'exercer, ne convient pas uniquement aux illettrés, en voyant de jeunes patrons capables de tracer leur route à la mer et de tenir des journaux de bord, fiers de leur métier qu'ils aiment et dont ils vivent bien, à condition que les débouchés ne leur fassent pas défaut.

www.ingramcontent.com/pod-product-compliance
Lightning Source LLC
LaVergne TN
LVHW051347200726

843510LV00002B/871